Через ад насилия
к успеху

История одного
ребенка

Через ад насилия к успеху

к успеху

История одного ребенка

Walter Lawrence

Kravitz & Sons
INNOVATORS IN PUBLISHING, MARKETING AND ADVERTISING

Kravitz and Sons LLC

1301 Фармвилл-бульвар, офис 104

Гринвилл, Северная Каролина, США 27834

Опубликовано компанией Kravitz and Sons LLC

ISBN: 979-8-89639-520-1 (печатное издание)
ISBN: 979-8-89639-521-8 (электронное издание)

Регистрационный номер Библиотеки Конгресса США: 2025907344

Я родился в 1946 году. Когда мне исполнилось шесть, наша семья переехала в Нью-Джерси, где отец работал водителем городского автобуса. Помню, как играл во дворе, а бабушка с ножом в руке гналась за матерью, выталкивая ее из дома. Так и не узнал, в чем была причина. Моему брату и сестре-близнецам тогда было по два года, а мне шесть. Думаю, мать не уделяла им должного внимания, и это выводило бабушку из себя.

В 1952 году мы отправились в Калифорнию. Пять дней ехали на машине через Сити-оф-Хоуп, Пасадену и Сан-Бернардино. С шести до девяти лет я сменил четыре начальные школы. В конце 1954-го мы жили в Сан-Бернардино, и в семь–девять лет я выступал с аккордеоном на местных ярмарках и в историческом театре Mission Playhouse. У меня до сих пор сохранилась фотография: рыжие волосы, веснушки, похож на Хаути Дуди. Однажды к нам постучал сосед. Близнецы залезли в его гараж, нашли краску и разрисовали ею все внешние стены гаража по периметру на высоту почти в метр.

Летом 1955 года мой брат Уэйн, которому было всего пять лет, заболел тяжелой формой пневмонии. В пятницу вечером ему стало плохо. Мать поехала с ним в больницу в Лос-Анджелес на скорой, отец позже привез туда меня и сестру. Когда мы вошли в здание, мать выбежала навстречу со словами: он умер. Отец и я расплакались. Он ходил по коридору взад-вперед, не

1

находя себе места. Тогда же отец поднял меня на руки, чтобы я мог увидеть тело брата. Его глаза были широко раскрыты, но жизнь уже ушла. Ему было всего пять лет. За несколько месяцев до этого, когда мне было восемь с половиной, я подрабатывал на ранчо, убирая стойла морганских лошадей. Получал по доллару в месяц. Зачем я это делал, сам не знаю. Но в день похорон брата я не пошел на кладбище, а выбрал работу на том самом ранчо.

В одиннадцать лет я поехал с матерью на пляж Джонс-Бич на Лонг-Айленде, штат Нью-Йорк. Тогда там не было спасателей. Я вошел в воду, и волны были очень высокие и ровные, с отливом.

Меня унесло так далеко, что мать на берегу казалась маленькой точкой на песке. Я подумал: как вернуться на берег. Я решил, что с такими высокими, но спокойными волнами я буду подниматься на гребень каждой волны, потом нырять вниз, ждать следующую и снова делать то же самое. Так я повторил больше двадцати пяти раз и, наконец, достиг берега. Даже мать не знала, что со мной это происходило. Удивительно для меня самого, но я сумел сохранять спокойствие и тем самым спас себе жизнь.

В октябре 1955 года мы переехали обратно в Бруклин, Нью-Йорк, где я пошел в пятый и шестой классы в школу P.S. 102. Моя бабушка убирала дома у моих учителей. Мне никогда не уделяли особого внимания, и я делал только то, что нужно, чтобы перейти дальше. Потом начался седьмой класс, и мы снова переехали, уже в другой район. Я поступил в среднюю школу Мак-Кинли. Моей учительницей была миссис Макгивени. В школе было полно банд, постоянные драки и шум, и я был рад, что проучился там всего три месяца. Летом 1957 года одним из моих увлечений в парке было ловить бабочек сачком и потом закреплять их в рамках под стеклом. Это были тигровые махаоны, монархи и ночные мотыльки. Такое занятие называлось лепидоптерология. Для этого использовали коробку с мокрой губкой, затем помещали под стекло каждое крыло, расправляя их так, будто бабочка летит. Стекло не давало повредить узоры на крыльях. Летом мать давала мне двадцать пять центов, и я садился на паром с 69-й улицы до Статен-Айленда. Поездка стоила пять центов. После переправы я поднимался в гору к общественному бассейну Сент-Джордж. Перед входом стояла тележка с хот-догами, десять центов за штуку. Вход в бассейн стоил пять центов. Я плыл там весь день и на последние пять центов возвращался паромом обратно. Так за двадцать пять центов у меня был паром, хот-дог и целый день купания. Я не знал, давала ли мать эти деньги из заботы или просто чтобы избавиться от меня на день. Хочу верить, что из заботы.

У меня была красная тележка. Я ходил по домам, собирал из мусорных шахт старые газеты, складывал их в тележку и сдавал макулатуру. За сто фунтов давали двадцать пять центов. Раз в месяц я опускал на веревке грузик, смазанный в банке солидолом, сквозь решетки вентиляции метро. На него налипали монеты, которые прохожие роняли у входов в церкви. Так я доставал мелочь с решеток.

Помню, в 1956 году отец поехал на рыбалку и пришел в ярость, когда мать опоздала его забрать. Лодка вернулась на час раньше, и ему пришлось брать такси.

Примерно в 1958 году, уже в Бруклине, я зашел в магазин F. W. Woolworth и украл шоколадку. В 1973 году, когда я был в гостях у бабушки, я снова пошел в тот же магазин, купил точно такую же плитку и положил ее обратно на полку.

В конце того учебного года мы переехали в Куинс, где отец купил гастроном, и я пошел учиться в лютеранскую начальную школу. Это уже была моя седьмая школа.

В то время, после смерти моего брата и до 1963 года, каждый раз, когда у матери был плохой день, она избивала меня без всякой причины. Я заметил сильные перемены в психике родителей после смерти брата. В 1973 году, в День памяти, лежа на смертном одре, отец сказал мне, что с того самого дня между ним и матерью не было никакой близости. В тот же день бабушка, которая всегда старалась меня защитить, тайком передала мне несколько сберегательных облигаций по двадцать пять долларов, выпущенных с 1956 по 1970 год, общей стоимостью около пяти тысяч долларов. Я решил их обналичить, но мне сказали, что они проходят по системе P.O.D. Тогда я вернул облигации бабушке, и она обналичила их сама в 1977 году. После ее похорон я спросил у матери про эти облигации, и она ответила: ты проиграл. Потом меня попросили разобрать ее квартиру, этим занимался сводный брат моей матери Пол. Я взял тогдашнего зятя, и мы вынесли мебель и вещи. В одной банке мы нашли монет на пятьдесят долларов — в пятицентовиках, десятицентовиках и четвертаках. Я одолжил грузовик у друга, взял выходной, заплатил за топливо и свалку. Монеты я поделил с сестрой. Когда брат матери узнал про находку, он пришел в ярость: это ведь была его мать. Но никакой благодарности или компенсации за наши хлопоты он не предложил.

С 1960 по 1964 год я учился в средней школе Мартина Лютера. В 1962 году у отца случился нервный срыв, и он три месяца провел в госпитале для ветеранов. Помню, незадолго до этого он потерял над собой контроль и попытался напасть на меня прямо в гастрономе, где я помогал клерком. В 1963 году в старших классах у меня были тренировки по баскетболу дважды в неделю, и отец жаловался, что я не могу работать с ним в магазине в эти дни. Тогда я бросил команду, но и это его разозлило: теперь он сердился, что я не в команде. Мне всегда казалось, что я не могу угодить ни одному из родителей, что бы ни делал. После той попытки нападения я сбежал к бабушке в Бруклин. Пришел туда около часа ночи, лег на диван, а вскоре приехал отец. Я так и не узнал, что сказала ему бабушка по телефону, но с того дня побои прекратились. Мне кажется, я воспитал себя сам, не зная ни любви, ни заботы, которые должен давать ребенок родителям.

В 1961 году мы с отцом на выходные поехали на Бермуды. В это время в гастрономе нас подменял сводный брат матери, который лишился работы в компании Greyhound за то, что воровал деньги с кассы. Когда мы вернулись домой, в магазин пришла открытка со словами: я так скучаю по тебе. Я никогда не узнал, что происходило, пока я был с отцом в поездке, но до сих пор не имею понятия, почему открытка пришла не мне.

В 1964 году, окончив школу, я пошел в армию, но меня не взяли из-за кистозного образования на нижнем отделе позвоночника, что часто встречается у мужчин. Я вернулся домой. Чувствовал себя потерянным щенком: без работы, без любви, кроме той, что давала бабушка. Нужно было искать работу, а тогда не было интернета, были только платные телефоны. Найти что-то было непросто. В 1965 году у меня был автомобиль Carvair. Однажды я сел в него, чтобы поехать по делу, и отец выбежал из гастронома в ярости из-за того, что я ушел с работы. Он сорвал с машины радиоантенну. Мне было девятнадцать, я пытался встать на ноги и уйти от этого насилия. Еще одна яркая память того времени: я никогда не видел, чтобы мать или отец улыбались.

Наконец, я вернулся к директору своей школы Мартин Лютер и попросил помощи. У него был список вакансий, и я устроился в Манхэттене клерком: разносил почту и выполнял поручения в компании Texas Gulf Sulphur, которая находилась в здании Pan Am, сейчас это Met Life Building над вокзалом Гранд Сентрал в Нью-Йорке. Я проработал там год и получал семьдесят долларов в неделю. Потом я обратился в агентство по трудоустройству и получил работу в компании New York Helicopters, обслуживавшей аэропорты Ла-Гуардия, Джон Кеннеди и Ньюарк. Это было для авиалиний New York Airways. Там я встречал много знаменитостей.

Кэрри Грант вышел из терминала TWA в начале 1968 года. Он пытался сесть в свой лимузин, но двери были заперты. Шофер вошел в терминал через другую дверь, разыскивая мистера Гранта. Я подошел, и он испугался, потому что оказался рядом со мной. Потом он успокоился, когда я сказал, куда ушел его водитель, и поблагодарил меня. В личной жизни он был очень застенчивым человеком.

В 1972 году мы с отцом поехали сыграть в гольф. В нашу машину врезался другой автомобиль и помял крыло. Когда мы рассказали об этом матери, она ударила меня в пах. В доме родителей в Уонто, штат Нью-Йорк, я косил газон в свой выходной, и когда отец приехал и снова сорвался, он накричал на меня за то, что я оставил траву на тротуаре сбоку от дома, хотя я собирался все убрать. Насилие продолжалось даже тогда, когда мне было двадцать лет. Я был мальчиком для битья, на котором они срывали весь свой накопившийся гнев.

В то время (1965–1967) я связался с женщиной, которую считал другом, человеком, которого я мог любить и от которого надеялся получить ту любовь, которую никогда не получал от родителей. У нас родился ребенок, дочь. С ее матерью у нас не сложилось, и девочка четыре месяца жила со мной. Во время спора о праве опеки меня обвинили в том, что я выбросил мать ребенка в окно, которое находилось на высоте четырех футов над кухонной мойкой. Позже, спустя годы, она призналась нашей дочери, что ничего подобного не было. Я не такой человек. Я никогда бы не поднял руку на женщину. Но по какой-то причине между мной и ее отцом всегда было напряжение, и я так и не понял почему. Со своей старшей дочерью я восстановил связь только через сорок лет. Тогда она рассказала, что ее дед имел еще одну семью в Северной Каролине, куда он ездил раз в месяц, представляясь торговым агентом по тканям.

В 1970-е я женился во второй раз. Она была младшей из пяти детей. Мне было двадцать три, ей двадцать. В 1973 году у нас родилась первая дочь. Работая в New York Airways, я открыл клининговую фирму, чтобы свести концы с концами. С 1973 по 1979 год я трудился в аэропорту с трех часов дня до одиннадцати вечера, а потом убирал помещения. Домой возвращался около половины второго ночи. Однажды, во время работы в аэропорту на вертолетной службе, меня попросили сопроводить пассажира и отнести его багаж в терминал Delta. Пассажиром оказался Фрэнк Пердью (старший, владелец Perdue Chicken). Четверть мили мы шли вместе, и он ни слова со мной не сказал и даже не дал чаевых. Позже я узнал от людей, которые жили рядом с ним, что он всегда был скупым человеком.

В 1977 году у нас родилась вторая дочь с синдромом Дауна. Врачи сказали, что это связано с хромосомными нарушениями в ДНК матери. Она прожила всего три месяца. В 1979 году мы потеряли еще одного ребенка: роды начались на восемь недель раньше из-за осложнений при амниоцентезе. Нам снова сказали, что это связано с хромосомами матери. Я был против анализа, но нам объяснили, что вероятность повторения синдрома Дауна — одна к тысяче пятистам. Моя жена не послушала и настояла на процедуре. Ребенок оказался здоровым, но преждевременные роды, вызванные амниоцентезом, привели к смерти через четыре часа. С этого начался крах брака. С дочерью у нас были хорошие отношения, пока ей не исполнилось двенадцать. Весной 1985 года мы развелись. Все это разрушило бы любой брак, но бывшая жена обернула дочь против меня ложью и клеветой. Она завидовала моим успехам и надеялась на мое падение.

Весной 1985 года, когда мы жили в Бэбилон-Виллидж на Лонг-Айленде, я проходил через развод. Жил в нашем доме один, после того как она съехала.

Мне позвонили и пригласили в Хопог, Нью-Йорк, якобы встретиться с брачным консультантом. Когда я приехал в комплекс зданий и нашел нужное, то вошел в зал с возвышенной сценой, вокруг которой стояли ряды кресел. На сцене стояло четыре стула — для моей дочери, жены, меня и консультанта. Справа находилась комната с окном, закрытым жалюзи.

Консультант начал задавать мне вопросы, и жалюзи медленно поднялись. За стеклом сидели двадцать человек и наблюдали за мной. Меня спросили о моих отношениях с дочерью. Я сказал, что люблю ее и всегда стараюсь давать советы. Ей тогда было тринадцать. Я понял, что пришел туда не ради диалога, а чтобы мать выставила меня в плохом свете. Я встал и сказал в зал: позор вам всем. После этого я ушел. Такова была ментальность моей бывшей жены. Она промыла мозги дочери. Только мать с серьезными проблемами могла так поступить. Позор ей. Она пыталась использовать обратную психологию, в то время как сама изменяла со своим начальником, а я работал по десять–двенадцать часов в день, чтобы содержать семью.

С сестрой у нас почти не было контакта. Я навестил ее в Оушенсайде, Нью-Йорк, в 1986 году и один раз говорил по телефону в 2005-м. Тогда она жила в долине Шенандоа. С первым мужем у нее было двое детей, но он оказался геем. Потом она вышла замуж во второй раз и родила еще двоих, но второй муж покончил с собой. Их сын, названный в честь моего умершего братаблизнеца, страдал СДВГ и принимал риталин. В 2001 году, в возрасте двадцати одного года, он бросился под поезд в Джэксонвилле, Флорида. Третий брак принес ей еще одного ребенка, но о нем я ничего не знаю. После развода у нее появился сожитель, который снял с ее кредиток двадцать пять тысяч долларов и сбежал.

Год спустя я переехал с Лонг-Айленда в округ Салливан, штат Нью-Йорк. Там я водил школьный автобус и сдавал экзамен на государственную службу, чтобы попасть в шерифский департамент округа Салливан. В 1991 году я работал с часу ночи до девяти утра в газете Times Herald Record в Миддлтауне, развозил тиражи. Параллельно учился в общественном колледже округа Салливан на кулинарном факультете. На занятии по английскому нужно было написать эссе о блюде из меню. Я написал работу под названием Road Kill. Она была о белках, черепахах, опоссумах и кроликах. Мне было сорок четыре года, а мои одноклассники были двадцатилетними. Я получил оценку A-. Все удивлялись, как я ее добился. Я сказал, что с возрастом у человека растет и воображение.

8 января 1992 года меня приняли на работу надзирателем в тюрьме. Там я встретил свою нынешнюю жену, с которой мы вместе уже двадцать шесть лет. Она была тюремной медсестрой. В 1999 году мы поженились и построили дом на озере Янки в Вуртсборо. В 2002 году я ушел на пенсию из департамента шерифа. В 2004 мы продали дом и переехали в округ Ситрус,

штат Флорида. Я открыл бизнес по уходу за газонами, и он процветал одиннадцать лет. Моя жена работает медсестрой в хосписе, а я сейчас служу в департаменте шерифа округа Ситрус школьным регулировщиком движения.

В 1950-е, когда начались побои, я пообещал себе, что буду жить честно, никогда не врать и не перекладывать свои ошибки на других. В 2008 году мы с женой поехали в Нью-Йорк и навестили мою мать, которая тогда находилась в доме престарелых. В разговоре она сказала: как хорошо ты вырос. Она так и не поняла, кто я на самом деле. Она умерла 25 декабря 2010 года в возрасте девяносто одного года.

Был и странный случай. После того как мы переехали в новый дом во Флориде, примерно через год я сидел на веранде и смотрел телевизор, а жена находилась в гостиной. Вдруг перед экраном проскользнула тень женщины. У нее были рыжие волосы, и она была в серебристом ночном платье. Это повторялось несколько недель. Я ничего не сказал жене, но спустя полгода упомянул, что, возможно, у нас в доме привидение.

Она ответила: я знаю, у нее рыжие волосы и серебристое ночное платье. Она тоже ее видела и молчала, пока я сам не заговорил. Еще через год мы больше ее не встречали. Может быть, она искала кого-то не в том доме.

Сейчас мне семьдесят восемь лет, и я надеюсь прожить остаток жизни со своей женой так же долго, как прожил мышонок в фильме Зеленая миля. Жизнь продолжается, даже если начинается тяжело.

Об авторе

Я написал эту книгу не для того чтобы кого-то учить или указывать как жить. Она о том что каждый может сделать чтобы изменить свою жизнь. Подросткам важно научиться принимать ответственные решения, матерям выбирать правильные отношения. Отцам, бабушкам и дедушкам показывать своим примером что есть добро, а что зло.

Надеюсь что ваше будущее со временем станет светлее, как стало моим. В силу возраста это моя последняя книга и она стала для меня очищением. Сейчас я работаю школьным регулировщиком движения. Я слежу за безопасностью детей у переходов возле школ. Это непростая работа как и многие другие.

-Уолтер Пол Лоуренс

Уолтер Лоуренс, регулировщик движения

Фото: Мэттью Бек, редактор

12 мая 2021 года

Уолтер Лоуренс, регулировщик движения в округе Ситрус, направляет транспортные потоки у средней школы Инвернесс, где находится его пост. Книга Лоуренса «Через ад насилия к успеху: История одного ребенка» выходит в конце мая 2021 года.

Фото: Мэттью Бек, редактор.

Выросший мальчиком для битья, на котором срывали семейную злость, может измениться навсегда. В книге «Через ад насилия к успеху: История одного ребенка» читатель узнает историю мальчика, которому удалось пройти через годы жестокого обращения и найти успех и счастье в своей жизни.

Об авторе

Я написал эту книгу не для того чтобы диктовать кому-то правила. Она о том что каждый может сделать чтобы изменить свою жизнь. Подросткам важно принимать ответственные решения, матерям выбирать правильные отношения. Отцам, бабушкам и дедушкам показывать своим примером что есть правильно и что есть неправильно.

Я надеюсь что ваше будущее со временем станет светлее как стало моим. С возрастом эта книга стала для меня итогом и очищением. Сейчас я работаю регулировщиком движения в своем округе. Я контролирую движение у школ. Это непростая работа как и многие другие.

– Уолтер Пол Лоуренс